LES ESTAMPES dont je donne ici le Catalogue, ont été recueillies avec le plus grand soin par feu M. de Surugue, Graveur du Roi, &c, né à Paris en 1686, & décédé en 1762. M. de Surugue aimoit les Estampes autant par goût que par état. Cet habile Artiste s'étoit formé sous les yeux de B... Picart, qu'il avoit suivi en Hollande, & pendant plusieurs années aidé dans ses Ouvrages, particulierement dans celui de la Galerie du Président Lambert. En l'année 1716, il revint en France, & n'en sortit plus, L'amour du travail & sa grande assiduité ont fait éclorre une infinité de grands Ouvrages, dans lesquels on connoît son talent; tels que le grand Escalier de Versailles, la plus grande partie de l'Histoire de Don Quixotte, du Roman comique, diverses grandes & moyennes Planches, d'après Teniers, le Brun, Coypel, & autres grands Maîtres. Ses derniers Morceaux sont le Sacrifice d'Abraham, d'après d'André del Sarte, de la Galerie de Dresde, & les deux belles Estampes des Philosophes, d'après Rembrant, qui ont parfaitement rendu ces deux Tableaux.

M. de Surugue, pour sa curiosité, avoit choisi parmi les plus belles Estampes qui ont passées dans ses mains, les morceaux les plus intéressans de chaque Graveur, anciens & modernes : il avoit senti la difficulté de completter des œuvres entiers, & s'étoit borné à former des Portes-feuilles, des Chefs-d'œuvre de chaque Auteur, qu'il revoyóit, sans cesse, avec plus de plaisir, qu'une immensité de piéces dont la rareté fait souvent tout le prix. On trouvera une grande quantité de ces Chefs-d'œuvre, sur-tout dans l'Ecole Flamande & Françoise, ainsi que dans la partie des Portraits.

Lié d'intérêt & d'amitié avec les plus célébres Artistes de ce siécle, M. de Surugue eut toujours soin de se procurer les premieres épreuves des Planches qu'ils mettoient au jour, & je n'avance rien ici que je ne puisse prouver aux yeux de tous les Connoisseurs.

Il y a aussi différens objets, qui, quoique répétés, n'en sont pas moins beaux.

CATALOGUE

D'ESTAMPES

Des plus grands Maîtres Italiens, Flamands & François, du Cabinet de feu M. Louis de Surugue Pere, Graveur du Roi en son Académie Royale de Peinture, & Controlleur des Rentes.

Par F. Basan, Graveur.

Dont la Vente se fera le Lundi 20 Novembre 1769, & jours suivans de relevée, en la maniere accoutumée, au plus offrant & dernier encherisseur, en la Maison du Sr de Surugue fils, rue des Noyers.

A PARIS,

De l'Imprimerie de Ph. D. Pierres.
Et se distribue chez le Sr Basan, rue du Foin.

M. DCC. LXIX.

AVEC PERMISSION.

AVERTISSEMENT.

Les Amateurs qui defireront voir les articles contenus au préfent Catalogue, qui pourront les intéreffer, s'adrefferont dans ladite Maifon, rue des Noyers, les quatre jours qui précéderont la Vente, chez M. de Surugue, Graveur du Roi, & Controlleur des Rentes.

---

140 ℔ Il y a auffi un Volume relié contenant toutes les Piéces gravées par M. DE SURUGUE le Pere, d'après différens grands Maîtres, *formant fon Œuvre*, avec le Catalogue à la tête, le tout dés premieres Epreuves avec dégrés de perfection, & la plupart avant la Lettre.

CATALOGUE

D'Estampes des plus grands Maîtres Italiens, Flamands & François, laiſſées après le décès de M. Louis de Surugue père, Graveur du Roi, en ſon Académie Royale de Peinture, & Contrôleur des Rentes.

PREMIERE VACATION.

Du Lundi 20 Novembre 1769.

N° 1. TRENTE Eſtampes d'après Michel Ange & autres anciens Maîtres de l'Ecole d'Italie.

2. Dix-huit autres *idem* par Corn... Cort, Bonaſone, &c.

3. Les trois Sujets gravés par Duchange d'après le Correge, Léda, Danaé & & Io, des premieres épreuves avant les draperies qui y ont été miſes depuis la mort de Duchange.

A

4. La Transfiguration, d'après Raphaël & la Descente de Croix d'après Daniel de Voltere, gravées par Dorigny.

5. La Nativité, de forme octogone, d'après le Guide, par F. de Poilly, & le Silence, d'après le Carrache, par Henzeilman, toutes deux superbes épreuves.

6. La Sainte Famille, où S. Joseph tient dans sa main des lunettes, gravée par Bloemaert d'après le Carrache, parfaite épreuve.

7. Cinq Sujets divers, d'après le Titien, Lucatelly & autres, par Roullet & Natalis, dont un beau Sujet allégorique.

8. Seize Estampes, faisant partie du volume du Cabinet du Roi, d'après le Correge, Dominiquin, Carrache, &c.

9. Deux Saintes Familles, d'après Raphaël & C. Maratte, gravées par Frey ; Saint Jean dans le désert, d'après Raphaël, par Chereau, & la Mélancolie du Feti, toutes quatre des premieres épreuves.

10. L'Adoration des Mages, d'après Rubens, par Worsterman, & le Martyr de S. Thomas, très-belles épreuves.

11. Les trois Croix, par Bolsvert, d'après le même, & une Assomption, dont le titre est *Magnifico & Clarissimo*, *&c.* avec l'adresse de Vanden-Enden, ce qui en certifie la primauté d'épreuve.

12. La Nativité, *Virgo, quem genuit, ado-*

ravit ; l'Adoration des Rois & *procéden-*
tes , &c ; la Vierge que l'Enfant Jefus
embraffe , & la Vierge au mouton ,
toutes les quatre gravées par Bolsvert
d'après Rubens, & avec l'adreffe de V...
Enden.

13. Saint Martin de Tours , grande &
fuperbe compofition de J. Jordans , gravée par P. de Jode, fup... épreuve.

14. Le Roi boit, d'après le même , par
P. Pontius, ancienne & belle épreuve.

15. La Fuite en Egypte, & Mercure &
Argus , d'après le même , fuperbes
épreuves.

16. Sept Pieces d'après Jordans , dont la
Nativité en demi-figures , par Marinus,
& plufieurs Sujets à l'eau-forte.

17. Le Reniement de faint Pierre, d'après
Seghers, & la Décollation de S. Jean ,
d'après Quellinus, anciennes épreuves.

18. Les Mendians à la porte d'une maifon, par Rembrandt, premiere épreuve.

19. Treize petits Sujets , par Th... de
Bry, dont la petite Foire de Venife, &c.

20. Onze petites pieces par Saenredam
Bloemaert, &c. dont David portant la
tête de Goliath, &c.

21. Six portraits par Smith , d'après Knel-
ler, dont la Reine Marie, la Fille de
Cromwel, &c. des premieres épreuves.

22. Onze Eftampes d'après Teniers , par
Major, Beauvarlet & autres.

23. Les Sangliers forcés, d'après Wou-
vermans ; une fête de village, d'après
Teniers, & deux autres Pieces par le
Bas, des premieres épreuves.

24. La Pierre du Louvre, par Leclerc, &
le Mausolé du Roi de Suède, par le
même, dont l'épreuve est parfaite &
avant la lettre.

25. Treize petits Morceaux composés &
gravés par B. Picart, des premieres
épreuves, dont le petit Concert, la
Danse des Grâces, plusieurs Sujets de
la Fable, &c.

26. Trente-sept autres Vignettes du même
pour les Œuvres de Virgile & de Fontenelle, premieres épreuves.

27. Huit Titres *in-fol.* & *in-4*°, d'après Van-
delaer & autres, gravés par Focke, &c.

28. Vingt-un petits Sujets divers, faits
pour différens ouvrages de Littérature,
gravés à Amsterdam par Punt, Tanjé &
autres.

29. Les sept Œuvres de Miséricorde, d'a-
près Franck, gravés à Londres par Baron.

30. Sept Pieces, dont l'Amour en pied &
le Retour du marché, par Strange ;
l'Entretien de voyage & les deux Pendans, par Aliamet, d'après Berghem,
&c. des premieres épreuves.

31. Le Lavement des pieds, d'après le
Mutien, par Desplaces, épreuve avant

la lettre ; le Repas du Pharifien & la Guérifon des Malades , d'après Jouve-net.

32. Le Frappement du rocher , d'après le Pouffin , par Stella , ancienne & belle épreuve. 12. 19

33. La Préfentation de Notre Seigneur au Temple , gravée par Drevet , d'après le beau tableau de Boulogne qui fe voit dans le Chœur de Notre-Dame de Paris , fuperbe épreuve. 24

34. L'Accordée & la Mariée de village , d'après Watteau ; la belle Villageoife , d'après Boucher , & deux autres Pieces ; en tout cinq Eftampes des premieres épreuves. 18

35. Six Pieces par L. Cars , d'après Le-moine & Watteau , dont Andromede & fes Pendans, &c. anciennes épreuves. 21

36. Cinq, par Wille & Balechou , dont la Mort de Cléopatre , la Force , &c. 11. 19

37. Six Sujets de l'hiftoire d'Enée , de la galerie du Palais Royal , par Defplaces, Thomaffin & Tardieu. 8

38. Le Jugement de Salomon d'après Coy-pel , par Ger . . . Audran ; la colere d'Achilles par Tardieu , & le Jeu des Enfans à la toilette d'après le même , par Surugue , des premieres épreuves. 12

39. Vingt-cinq Sujets divers , d'après dif-férens Maîtres , par Surugue , dont plu-fieurs du Roman Comique , &c. 4. 6

7 · 15   40. Treize autres Pieces *idem* d'après Chardin, Coypel & Teniers, dont plusieurs sont avant la lettre.

9 · 11   41. Quatorze *idem* d'après Hallé, Teniers, &c.

12   42. Le Manége, les Adieux, d'après Wouvermans, par Major & Laurent, avec quatre autres Payfages & Marines, par Vivarès.

9 · 6   43. Sept Estampes par Desrochers & Surugue, d'après le Correge, Coypel, &c. dont plusieurs sont avant la lettre.

8 · 3   44. Sept autres d'après Coypel, Natoire & Jeaurat, par G... Audran, Aliamet & Moitte, des premieres épreuves.

8   45. Six Sujets d'après Coypel, par G... Audran, Simoneau, &c. dont Susanne avec les vieillards, Venus sur les eaux, &c.

9   46. Huit d'après Lancret, dont le Glorieux, les Ages, le Jeu du pied-de-bœuf, &c. auffi des premieres épreuves.

10 · 10   47. Deux Portraits par Suyderoef, d'après Van Vliet & F... Hals, & celui de Goltius, anciennes épreuves.

8 · 6   48. Ch... de Longueval, d'après Rubens, par Worsterman, & J. Maurice, Prince de Naffau, par V.. Dalen. Ces deux grands Portraits sont très-historiés & beaux d'épreuves.

3 · 19   49. Dix Portraits divers, par Edelinck, Nanteuil & autres, dont plusieurs sont avant la lettre.

50. Le Comte d'Harcourt, connu sous le nom de Cadet à la perle, gravé par Maſſon, & Marin, Médecin, premieres épreuves.

51. Le portrait de Samuël Bernard, par Drevet, premiere épreuve.

52. Le Cardinal Dubois & M. de Vintimille, Archevêque de Paris, d'après Rigaud, par Drevet, anciennes & belles épreuves.

53. Le portrait de Gendron par Daullé, épreuve avant la lettre, & ceux de Mignard & Silva, par Schmidt, premieres épreuves.

54. M. de la Tour, par Schmidt, & M. Maſſé, par Wille, auſſi des premieres épreuves.

55. L'Evêque de Metz, par Daullé, d'après Rigaud, & le Cardinal de Tencin, par Wille. *Idem.*

56. Le Comte d'Evreux, d'après Rigaud, & le Prince d'Anhalt, d'après Peſne; le premier gravé à Paris & l'autre à Berlin, par Schmidt.

57. Trois petits Portraits par Drevet, des premieres épreuves, dont Madame Douairiere; le titre du Bréviaire de Rouen, d'après Vanloo, &c.

58. Dix portraits divers, par Vermeulen, Dupuis, &c. dont M. de Tournehem, &c.

59. Neuf petits Portraits divers, dont le

Roi de Pruſſe & l'Abbé Prévôt, par
Schmidt ; le Prince Frédéric de Pruſſe,
Meſſieurs Belidor , Chicoynau & le Cat,
par Wille , &c.

60. Dix-ſept Portraits divers par Nanteuil & autres , dont M. de Pompone ,
&c.

DEUXIEME VACATION.

Du Mardi 21 Novembre 1769.

61. Trente Eſtampes diverſes , d'après
Michel Ange & autres anciens Maîtres
Italiens.

62. Les quatre grands Sujets d'après l'Al-
bane , par Baudet, anciennes épreuves.

63. Neuf Pieces d'après C. Maratte, Ci-
gnani & autres , par Frey, dont la
Chaſteté de Joſeph , &c.

64. L'Aurore précédent le char d'Apollon
& ſon Pendant , grandes & belles com-
poſitions du Guide , par Frey , anciennes épreuves.

65. Saint Jean au déſert , d'après Raphaël ; David d'après le Feti , gravés
par Chereau pour le volume du Crozat,
& un Chriſt mort d'après P. Veroneſe ,
par Duchange. Ces trois Eſtampes ſont
premieres épreuves , & avant la lettre.

66. Quatre autres Pieces auſſi avant la

lettre, du même volume, par Defplaces & Jeaurat, d'après Jules Romain,
P. Veronefe & le Mole, dont le Triomphe de Titus & de Vefpafien.

67. La Nativité connue fous le nom de la
Nuit du Correge, fuperbe compofition,
gravée par Surugue fils pour le volume
de la Galerie royale de Drefde, premiere épreuve avant la lettre.

68. Quatre Pieces par Strange, d'après P.
de Cortone, Guide & A. Sacchi, des
premieres épreuves.

69. Le Maffacre des Innocens & le Triomphe de la Charité, grandes pieces de
deux feuilles, d'après Rubens, gravées
par P. Pontius & Lommelin.

70. Quatre Pieces d'après Rubens & Van
Dick, dont une fainte Famille, par
Bolsvert, le Chrift porté au tombeau,
par Witdoeck, &c.

71. L'Apparition de Notre Seigneur aux
faintes Femmes, par Vorfterman, & la
Nativité, en travers, par Bolsvert,
d'après Rubens, anciennes épreuves.

72. Thomyris faifant plonger la tête de
Cyrus dans un vafe rempli de fang, par
Vorfterman, d'après le même, fuperbe
épreuve.

73. La Chaffe au fanglier & celle aux
renards, par Soutman, d'après le même.

74. Le grand Chrift & l'Adoration des
Bergers, d'après Jordans, anciennes
épreuves.

8   75. Le Paysage aux trois Arbres, par
Rembrandt, bonne épreuve.

8   76. Six petits Morceaux, par Th. de Bry,
dont la Fontaine de Jouvence, le Triomphe de Bacchus, &c.

29·19 77. Sept Sujets divers très-piquans d'effet,
gravés par Van Velde, dont l'Etoile des
Rois & son pendant, les quatre Elémens, &c.

6   78. Cinq, par Matham, dont la Visitation
de la Vierge, d'après Salviati, les Noces
de Cana, d'après Zucharo, &c.

2   79. La Vue du Pont-Neuf, par Della Bella, épreuve avant la girouette.

11·13 80. Onze Pieces par Hollar & Callot,
dont la Tentation de S. Antoine, &c.

19·1 81. Les quatre Conquêtes de Louis XIV,
par Leclerc, d'après le Brun, superbes
épreuves.

8·19 82. Trente-deux Vignettes & Portraits,
par B... Picart, des premieres épreuves.

36·1 83. Les Epithalames ou Sujets de Mariages, par le même, en treize morceaux,
avec l'explication.

30   84. Le Massacre des Innocens, par le
même, premiere épreuve avant la Couronne.

16   85. La Vie & l'Histoire de Charles Premier, Roi d'Angleterre, en dix Pieces,
d'après Cheron & autres, gravées par
Dupuis, Baron, &c.

9·12 86. Quatre Portraits de Femmes, gravés

en maniere noire, par Schmith, dont la Reine Marie en grande coëffure à l'ancienne mode, &c. des premieres épreuves.

87. Trente-neuf Modes du dernier siecle gravées en maniere noire par Gole, &c.

88. Trente-sept autres. *Idem.*

89. Là Maladie d'Alexandre, d'après le Sueur, par Audran ; le Tems qui enleve la Vérité, d'après le Pouffin, & deux Morceaux de la Galerie du Luxembourg, par Picart, des premieres épreuves.

90. Quatre Compositions du Pouffin, par Chafteau & Rouffelet, du volume du Cabinet du Roi ; & Pyrrhus expofé fur lès Eaux, en deux feuilles, par Stella.

91. Les Batailles d'Alexandre, en fix Morceaux, gravées par J... Audran, anciennes épreuves.

92. L'Adoration des Rois, & la Préfentation au Temple, d'après Jouvenet, par Loir, très-belles épreuves.

93. Quatre Sujets, d'après le Bourdon & Mignard, dont la fainte Famille au Pigeon, par Natalis ; Sainte Cécile par Duflos, &c. des premieres épreuves.

94. Trois autres *idem*, le Chrift mort, gravé par Boulanger ; une fainte Famille en travers, où un Ange baife la main de l'Enfant Jefus, & le Mariage de Sainte Catherine.

95. Douze Pieces d'après le Brun & autres, dont le plafond de la chapelle de Seaux, par G... Audran.

96. La Priere au Jardin, d'après Reſtout, & la Réſurrection, d'après le Frere André, par Drevet, premieres épreuves.

97. Rebecca recevant les préſens d'Abraham, d'après Coypel, par le même, très-belle épreuve.

98. Quatre Sujets d'après Coypel, des premieres épreuves, dont Bachus & Ariadne, le Triomphe de Galathée, Diane au bain, avant la lettre, &c.

99. Cinq Eſtampes gravées par Cars & Surugue, d'après Lancret & Coypel, dont Mlles Camargo & Sallé, &c.

100. Dix-ſept piéces diverſes, par Surugue, d'après différens Maîtres.

101. Vingt autres *idem*, d'après Chardin, &c. dont pluſieurs ſont avant la lettre.

102. Dix ſujets divers d'après Coypel, Courtin & autres, gravés par Simoneau, Surugue, &c.

103. Dix autres ſujets Flamands, d'après Teniers, G... Dow, &c. par Beauvarlet, Moitte, Lemire, &c.

104. Dix autres ſujets, Marines & Payſages, gravés par Major, Chenu, & Baſan.

105. Sept Payſages & Marines, d'après van Falens & Vernet, par Moireau, Ouvrier, &c.

106. Le Portrait du Titien & de sa Maîtresse, gravé à l'Eau-forte, par van Dyck, parfaite épreuve.

107. Vingt-deux Portraits d'Artistes & autres, d'après van Dyck, par Vorsterman, &c.

108. Quatre Portraits, par Masson, superbes épreuves, dont Marin, avec différence dans la tête, Charrier & Brisacier.

109. Le Portrait de Dilgerus, chef-d'œuvre d'Edelinck, superbe épreuve.

110. Louis XIV, & Louis XV, en pieds, d'après Rigaud, par Drevet, superbes épreuves.

111. Six Portraits par Spierre, Drevet & autres, dont Madame de Nemours, le C. de Sinzendorf, &c.

112. Les Portraits de Mignard & de Silva, par Schmidt, superbes épreuves.

113. Cinq Portraits, par Balechou, Daullé, &c. dont M. de Jullienne, M. de Tournehem, &c.

114. M. le Comte de Saint-Florentin, par Wille, premiere épreuve.

115. Madame Boucher, en Vestale, d'après Raoux, par Dupuis.

116. Cinq Portraits de Femmes célébres, par Drevet, Daullé & Surugue, dont Mesdemoiselles le Couvreur, Pelissier, Silvia, &c.

117. Dix-neuf Portraits d'Artistes divers,

par Cars, Lépicié & autres.

4. 1 118. Vingt-deux autres, *idem*.

8 119. MM. les Maréchaux de Villars &
de Lovendal, par Drevet & Wille.

4. 19 120. Douze Portraits divers, par Nan=
teuil, Roullet, &c. dont M. de Be=
ringhen, &c.

TROISIEME VACATION.

Du Mercredi 22 Novembre 1769.

12 121. Vingt-une Estampes, par G...Man=
tuan & autres Maîtres, d'après diffé=
rens anciens Peintres Italiens.

9. 16 122. La Transfiguration, par Thomassin,
d'après Raphaël ; le Baptême de Notre
Seigneur, d'après l'Abane ; & trois
autres piéces, anciennes épreuves.

24. 1 123. Douze piéces à l'Eau-forte, par le
Guide, l'Espagnolet, C.... Maratte &
autres.

14. 18 124. La Sainte Famille, d'après Raphaël,
gravée par Frey, & six autres piéces,
d'après C.....Maratte, anciennes
épreuves.

14. 19 125. La Liberalité & la Modestie, avec
son pendant, d'après A... Sacchi, &
l'Amour, en pied, par Strange.

9. 1 126. Sept piéces du Crozat, dont les

Pelerins d'Emaüs, par Thomaffin ; un Portement de Croix, d'après A. . . . . Sacchi, &c.

127. La Nativité, octogone, & la Fuite en Egypte, d'aprè le Guide, par F. . . de Poilly, des premieres épreuves.

128. L'enchantement de Renaud, d'après van Dyck, par P. . . de Jode, & quatre autres piéces.

129. Achilles, reconnu à la Cour de Nicomede, d'après Rubens , par Corn... Viffcher, fuperbe épreuve.

130. Le Roi-boit, de Jordans, parfaite épreuve.

131. Le Concert, & Mercure prêt à trancher la tête à Argus, *idem*.

132. Six petits morceaux , par Rembrandt, dont fon portrait ; la petite Vieille en bufte, dormant ; la Samaritaine, &c. anciennes épreuves.

133. La Paix de Munfter , par Suyderoef, d'après Terburg , premiere épreuve.

134. Six grands fujets de la vie de Notre Seigneur , par Goltius , nommés les fix Chefs-d'œuvres de ce Maître , les ayant fait tous d'une maniére différente & à l'imitation de Lucas , Al. . . Durer & autres Maîtres. Ils font fuperbes épreuves.

135. Seize fujets divers , d'après différens Maîtres, par Crifpin de Pas, Sadeler,

&c. dont la Barque de saint Pierre, & la Visitation, d'après le Baroche, &c.

136. Le Jugement de Pâris, Lot & ses filles, par Sadeler; & trois autres piéces, par Matham, anciennes épreuves.

137. La Vierge allaitant l'Enfant-Jesus, d'après Fleink; & la Vierge avec sainte Catherine, sujet en ovale, d'après van Dyck, toutes deux gravées par Bloteling, & premiere épreuve.

138. L'instruction paternelle, par Wille, & deux autres sujets, d'après Netcher, par Lépicié.

139. Trois Paysages, d'après Teniers, par Major; le Printems, &c. avec les ruines de Lisbonne, gravées à Londres.

140. Quatre grandes piéces d'après Teniers & Berghem, par Lebas; sçavoir, les Œuvres de miséricorde, la quatriéme Fête Flamande, la Fête de Village, & l'embarquement des vivres, premieres épreuves.

141. Trois grandes Estampes, d'après Lebrun; la défaite de Porus, la bataille & le triomphe de Constantin.

142. Adam & Eve, par Baudet; le grand Parnasse François, le Plafond du grand Escalier de Versailles, & celui du Séminaire de saint Sulpice.

143. La Présentation au Temple, par Drevet, d'après Boulogne, ancienne épreuve.

144.

144. La Magdeleine des Carmelites, &
la Rébecca, d'après Coypel, anciennes
épreuves.   17

145. Louis XIV à cheval, terraffant l'en-
vie, &c. grande Thèfe en deux feuilles,
gravée par Edelinck, d'après Lebrun ;
& une autre gravée par Poilly, d'après
Mignard, fuperbes épreuves.   8 19

146. L'Efcalier des Ambaffadeurs, en
vingt-quatre morceaux, gravés par Surugue, avec l'explication, en grand
papier.   15

147. Le Plafond du même efcalier, en
plufieurs morceaux, gravés par Baudet,
d'après les peintures de le Brun.   6

148. Onze fujets divers, gravés par Surugue fils, d'après Rembrandt & autres
Maîtres, des premieres épreuves avant
la lettre.   8

149. Quarante Vignettes & autres fujets,
d'après Coypel, dont plufieurs rares,
gravées par Surugue & autres.   9 19

150. Dix-huit fujets pour le Don Quixotte & le Roman comique, gravés
par le même, dont la plûs part font avant
la lettre.   6   1

151. Dix-huit autres, d'après Detroy,
Coypel, &c. dont plufieurs fujets des
Peres Saint-Lazare.   7 13

152. Huit Eaux-fortes, d'après Watteau, par Larmeffin, Cochin, &c.   5

153. Les quatre Elémens, d'après Boulo-   15

…gne , par Desplaces , &c.

13 · 10   154. La Sainte-Famille en pied, d'après Raphaël, par Larmessin ; la Mélanco-lie du Féti, & la Résurrection, d'après de Frere André.

9 · 2   155. Seize piéces d'après Watteau, des premieres épreuves, par Thomassin, le Bas & autres.

69 · 19   156. Sainte Geneviéve, d'après Vanloo, par Balechou, épreuve avant la lettre.

7 · 19   157. Quarante morceaux par la Belle, Callot & Silvestre.

13 · 4   158. Cinq grands sujets de Fêtes données à Versailles, composés & gravés par Cochin fils.

17 · 1   159. Quinze Vignettes & titres de livres, par B. Picart, pour les Œuvres de la Fontaine, & autres ouvrages de litté-rature.

11 · 19   160. Huit titres *in-fol.* & autres sujets, du même, dont celui de la Bible, des Métamorphoses, &c. des premieres épreuves.

19   161. Vingt-quatre autres petits sujets du même, dont plusieurs très-intéressantes, d'après le Poussin, &c.

10 · 12   162. Douze autres, *idem*, dont le triom-phe de la Peinture ; plusieurs sujets historiques sur l'Angleterre, &c.

15 · 5   163. Louis XIV, en pied, par Drevet, des premieres épreuves.

10   164. Douze petits Portraits, par Drevet,

Wille, & autres, dont Madame d'Orléans, le Roi de Pruſſe, &c.

165. Neuf autres Portraits, par Maſſon, 17. 1
anciennes épreuves, dont Louis XIII,
Mrs d'Ormeſſon, la Tour d'Auvergne,
Briſacier, &c.

166. Dix-huit autres, par Waumans, 24
Houbracken, &c.

167. Douze autres, par Drevet, Hou- 18. 1
bracken, &c. dont M. Dufey, &c.

168. Huit beaux Portraits de ſçavans 12. 11
Hollandois, & autres, gravés par Ver-
koljé, Bloteling, &c. des premieres
épreuves.

169. Dix autres, par Edelinck, Simo- 8. 1
neau, Lépicié, &c. dont Madame la
Ducheſſe Douairiere, Champagne,
&c.

170. Dix autres par Drevet, Daullé, 13. 19
&c. dont Mlle le Couvreur, Md de
Caylus, &c.

171. Quatre Portraits de femmes, dont 12
Madame Heliot, par Edelinck, premiere épreuve ; Mlle Duclos, par Deſplaces, &c.

172. Le Cardinal Dubois, & M. de 14
Vintimille, par Drevet, ſuperbes é-
preuves.

173. M. Boſſuet, Evêque de Meaux, en 20. 2
pied, d'après Rigaud, Chef-d'œuvre
de Drevet, belle épreuve.

174. M. de Lovendal, par Wille, Mr- 20

gnard, & Silva, par Schmidt, tous
trois superbes épreuves.

18 175. L'Archevêque de Cambray, par
Schmidt, & l'Evêque de Metz, par
Daullé, d'après Rigaud, des premieres
épreuves.

15 176. Manfart, par Edelink, Maupertuis,
par Daullé, & deux autres, par Schmidt,
des premieres épreuves.

18 177. M. le Maréchal de Villars, par Drevet, & le Comte d'Evreux, par Schmidt,
idem.

22 19 178. Quatre beaux Portraits, dont M^d
Rigaud, & le Maréchal de Belle-Isle,
par Wille, M. de la Tour, par Schmidt,
&c.

20 19 179. Six petits Portraits, superbes épreuves, par Wille & Schmidt, dont le
Dauphin & la Dauphine derniers morts,
le Prince Fréderic, l'Abbé Prevost,
&c.

10 180. Cinq beaux Portraits, par Drevet
& Chereau, dont le Cardinal de Polignac, M. de Cotte, l'Evêque de Va-
lence, &c.

QUATRIEME VACATION.

Du Jeudi 23 Novembre 1769.

181. Cinq grandes pieces par M. Antoine & G . . . Mantuan, dont l'Ecole d'A-thènes ; l'embrasement de Troyes, &c.   5 . 11

182. Cinq sujets de la Fable & autres, par Aug. . . Carrache, dont la Culbute, la Rose, &c.   16

183. La Veuve resuscitée par saint Pierre, gravée par Bloemaert, d'après le Guer-chin, superbe épreuve.   37 . 19

184. La fuite en Egypte, & une Vierge ovale, où l'Enfant-Jesus dort, d'après le Guide, des premieres épreuves.   12 . 19

185. Deux saintes Familles; saint Jean au désert, d'après Raphaël, du vol. de Crozat, & la Mélancolie ; toutes les quatre premieres épreuves.   16 . 11

186. Trois autres piéces, *idem*, avec une sainte Famille, d'après C. Maratte, par Frey.   12 . 11

187. Le grand Christ à l'éponge, d'après van Dyck, par Bolsvert, premiere épreuve, avant la main de saint Jean sur l'épaule de la Vierge.   67

188. Jesus-Christ présenté au peuple, & Notre Seigneur portant sa croix, grande   23 . 19

& belle composition, d'après Rubens, anciennes épreuves.

30   189. Le Christ mort, au Capucin, où on lit au bas : *Christi funus*, &c. par P... Pontius, & le martyre de saint Laurent, par Vorsterman, parfaites épreuves.

30   190. Une Assomption où on lit au bas *R. P. Guardiana*, &c. avec l'adresse de V... Enden, superbe épreuve.

62   191. La Fuite en Egypte, & l'Adoration des Bergers, d'après Jordans, superbes épreuves.

21   192. Le martyre de sainte Apolline d'après le même, premiere épreuve.

28 · 19   193. Dix-neuf des moyens Paysages, d'après Rubens, par Bolsvert.

10   194. Quatre piéces de Rembrandt, très-belles épreuves : sçavoir, la mort de la Vierge, le sacrifice d'Abraham, l'Enfant prodigue, & une petite tête de vieille.

14   195. Sept sujets divers, par Saenredam & autres, dont l'alliance de Bacchus, Cerès & Vénus, d'après Goltius, &c.

12 · 12   196. La Nativité, par Bolsvert, d'après Bloemaert, & Agar répudiée par Matham, anciennes épreuves.

30   197. Soixante-seize petits morceaux, par Hisbens, G... Pens, & autres anciens Maîtres, très-beaux d'épreuves.

7 · 4   198. Les Bourguemestres d'Hollande, & un Vieillard à grande barbe tenant un

livre de la main droite, par Suyderoef,
anciennes épreuves.

199. L'œuvre du Comte Goudht, en sept   3 1
morceaux, bonnes épreuves.

200. Le Bal, d'après Oftade, par Suyde-   2 1
roef, premiere épreuve.

201. La Magdeleine à la lampe, & la   8 · 19
veuve, Comtesse de Salisbury, par
Smith, en maniere noire.

202. Six autres manieres noires, par Ver-   7 · 19
kolje & Bloteling, dont plusieurs font
avant la lettre.

203. Neuf sujets divers à l'Eau-forte,   6 · 3
par Lairesse & R... de Hooge, dont
le caroffe du Roi d'Espagne arrêté devant le faint Sacrement, &c. anciennes
épreuves.

204. Quatre Sujets & Paysages, d'après   4 · 3
Teniers, par Laurent & Major.

205. Vingt piéces, d'après Hogarth, &   4
autres Maîtres.

206. Neuf par le Bas Major & autres, d'a-   11
près Wouwermans, V... Velde & Te-
niers, anciennes épreuves.

207. Sept d'après Coypel & Jeaurat, dont   10 · 19
Sufanne devant les Vieillards, l'Amour
piqué, &c.

208. La mort de Cléopâtre, par Ville, &   15 · 19
deux autres piéces, par Strange, d'a-
près C... Maratte, anciennes épreuves.

209. Six Sujets de Vierges, par Pi   6

B iv

tau., Boulanger , & autres.

30 210. Les quatre grands tableaux de S. Martin, par Jouvenet, gravés par Duchange & autres, anciennes épreuves.

24 211. Le Bacha , de Vanloo, par Lépicié ; l'Enfant Prodigue & l'Embarquement de vivres, par le Bas, très-bonnes épreuves.

9 · 5 212. Dix Pieces d'après Boucher , Pierre & autres, par Daullé , Feſſard , &c.

10 · 3 213. Onze par Lepicié , Surugue & autres, dont les Enfans à la toilette , d'après Coypel ; Mlle Sallé , &c.

7 214. Dix-neuf d'après Detroy , Lancret , &c.

5 · 19 215. Vingt Pieces par Surugue pere & fils, d'après différens Maîtres.

3 216. Quatorze autres *idem* , d'après Teniers , &c.

36 217. Quinze morceaux compoſant la Galerie & le Plafond du Palais Royal, repréſentans l'hiſtoire d'Enée, peinte par Coypel & gravée par Deſplaces , Tardieu & autres.

3 · 12 218. Six grandes Thèſes par Poilly , d'après Mignard & autres , où ſont repréſentés Louis XIII & Louis XIV.

13 219. L'Apothéoſe d'Iſis , par S... Leclerc, premiere épreuve , avec les Danſeurs.

7 220. Douze autres Pieces du même , dont les Elémens , &c.

31 221. La Galerie du Préſident Lambert,

d'après les peintures de le Sueur & le Brun, dont beaucoup d'épreuves font avant la lettre.

222. Dix-fept Piéces, dont l'Hiftoire de Jofeph, d'après Rembrandt, par M. le Comte de Caylus, &c. — 4 . 18

223. Quatorze d'après Wouvermans & autres, dont plufieurs par Moireau. — 4

224. La Minerve, par B. Picart, de deux épreuves différentes, avec les quatre vers françois & après. — 12

225. Onze Vignettes & Titres de Livres, par le même, dont plufieurs font hiftoriques, très-belles & anciennes épreuv. — 12 . 3

226. Dix-fept autres par le même, non moins intéreffans. — 7 . 4

227. Trente-quatre Portraits & Sujets divers par le même, dont plufieurs font avant la lettre. — 6 . 14

228. Quarante-quatre Vignettes diverfes, par Picart, Surugue & autres. — 10

229. Neuf Portraits, par Maffon, Muller & autres, dont Brifacier & Marin, fuperbes épreuves. — 8

230. Quatre autres, par Schmidt & Daullé, dont Gendron avant la lettre, J. B. Rouffeau, &c. — 8 . 4

231. Trois Portraits par Schmidt, Philippe V, le Comte d'Evreux & Mignard, anciennes épreuves. — 8 . 19

232. Six autres, par Chereau, Drevet & Cars, dont l'Evêque de Montpellier, — 10 . 5

le Cardinal de Rohan, &c.

8 . 19   233. M. Quesnay, par Wille, en pied, & Silva, Médecin, par Schmidt.

12 . 2   234. Cinq autres Portraits, par Wille, Balechou, &c. dont Mrs de Loyendal, Maupertuis, Jullienne, &c.

30 . 2   235. Le Comte d'Harcourt & Marin, par Masson, des premieres épreuves.

12   236. Douze Portraits divers, d'après Rigaud & autres, gravés par Lépicié, Vermeulen, &c. dont Mrs de Boulogne, de Launay, Mézetin, &c. anciennes épreuves.

11 . 15   237. Trois autres, dont l'Archevêque de Rouen devant la Vierge, par Drevet; l'Evêque de Metz, par Daullé, &c.

13 . 19   238. La Duchesse de Nemours & Mademoiselle le Couvreur, par Drevet, superbes épreuves, & deux autres Femmes.

8 . 16   239. Treize portraits d'Artistes par différens Graveurs, dont Mrs de Boulogne, Bourdon, Boucher, &c.

5   240. Vingt-deux autres *idem*, dont plusieurs par Masson.

CINQUIEME VACATION.

Du Vendredi 24 Novembre 1769.

3 . 16   241. Trente-une Estampes par différens anciens Maîtres Italiens.

242. Cent dix autres *idem*, par M. Antoine, Eneas Vicus & autres. 11 · 11

243. Treize autres, d'après Michel Ange, dont les Angles de la Chapelle Sixte, le Tombeau, &c. 3

244. La Vierge de Spierre, d'après le Correge, épreuve avant le petit arbre dans le fond, & très-bien conservée. 138

245. Les Pélerins d'Emaüs, par Masson, ancienne épreuve. 32

246. Quatre Pieces par Frey, d'après S... Conca & C... Maratte. 8

247. Dix Pieces du volume de Crozat, des premieres épreuves, d'après J. Romain, Mole, &c. dont les Pélerins d'Emaüs, par Duflos, &c. 4 · 11

248. Quatre autres *idem*, d'après Raphaël & Feti. 14

249. La sainte Famille, par Witdoeck, où la Vierge allaite l'Enfant Jesus, & la Vierge que l'Enfant embrasse, par Bolsvert, toutes d'eux d'après Rubens, & des premieres épreuves. 46 · 19

250. L'Adoration des Rois, par Rickmans, d'après le même, belle épreuve. 16

251. La Nature ornée par les Grâces, grande & belle composition du même, gravée par van Dalen, superbe épreuve. 56 · 19

252. La Chasse aux Sangliers, en deux feuilles, par Soutman, d'après le même. 12

253. Vingt-trois Pieces diverses par Lutma, van Dyck & autres. 11

30 254. Jacob & Esaü, par van Vliet, d'après Lyvins, belle épreuve.

127 · 19 255. L'Œuvre du Comte Goudht en sept Pieces, parfaites épreuves.

75 256. La Tabagie, d'après Ostade, par C... Visscher, superbe épreuve & avant la lettre.

13 257. Le Christ mort, d'après le Tintoret, par Visscher, premiere épreuve, & une Flagellation d'après Diepenbeck, par Balliu, *idem*.

12 258. Une Circoncision, par Panderen, d'après Vinson, grande Piece en deux feuilles, & deux autres Pieces.

18 · 19 259. Trente Sujets divers, gravés en bois & en cuivre par Al... Durer Vierix, & autres anciens Maîtres.

3 · 19 260. Quatorze pieces, par Villamene, Spranger, & autres d'après différens Maîtres.

2 · 2 261. Les Portraits de l'Arétin & Bocace, d'après le Titien, par van Daalen, & quatre autres Têtes, par Worlidge.

10 262. Dix Pieces d'après le Sueur, le Brun, &c. dont Alexandre malade, ancienne épreuve, &c.

12 · 19 263. Le Calvaire & le Frappement du Rocher, par Stella, le même Sujet, différent de composition, par Baudet, toutes trois d'après le Poussin, & anciennes épreuves.

6 · 19 264. Huit Sujets divers, d'après le Bourdon, le Brun & autres.

265. Huit autres, d'après Coypel, par Drevet, Dupuis, &c. anciennes épreuv.

266. Le Plafond du grand Escalier de Versailles, en sept morceaux, par Baudet, d'après le Brun.

267. Le grand Escalier des Ambaſſadeurs, en vingt-cinq Morceaux, d'après le même, par Surugue.

268. Le Plafond du Salon du Palais Royal, en quatre Pieces, & huit autres Pieces de la Galerie, d'après Coypel, par Surugue, Desplaces & autres.

269. Trois Plafonds, d'après le Brun & Mignard, peints à Seaux & au Séminaire de S. Sulpice.

270. Les douze Sujets exécutés en tapiſſerie, d'après le Brun, gravés par le Clerc, avec leurs devifes.

271. Les Fêtes de Versailles, en quinze Pieces, par le Pautre.

272. L'Hiſtoire des Juifs & des Idolâtres, gravée par Picart pour les Cérémonies Religieuſes, des premieres épreuves, en trente-ſix feuilles.

273. Le Temple des Muſes, *idem*, en ſoixante-une feuilles.

274. Les Pierres gravées de Stoſch, en ſoixante-dix Planches, avec le diſcours, *idem*.

275. Hiſtoire des Plantes rares, en trente Planches colorées, gravées d'après van Huyſum par Kirkall.

16. 4   276. Huit Pieces par Strange & Major, d'après Wouvermans, dont le Manége, le Retour du Marché, &c.

4. 10   277. Quatre grandes Theses d'après Mignard, & le Plafond des petits appartemens de Versailles.

4. 13   278. La grande These de le Moine, par Cars, & une autre par Poilly.

8   279. Huit Sujets de dévotion, par Boulanger, & autres d'après différens Maîtres.

24   280. Dix belles Eaux-fortes d'après Detroy, Watteau & autres, par Cars, Cochin, Major, &c.

6. 13   281. Treize Sujets & Paysages d'après le Nain, Boucher & autres, par différens Graveurs François.

7. 19   282. Trente-six *idem*, d'après Poussin & autres Maîtres.

8. 10   283. Neuf Pieces par le Clerc, dont le Mausolé du Roi de Suède avant la lettre, les petites Batailles d'Alexandre, &c.

14. 10   284. Six, par Surugue, le Bas & autres, dont Thalie chassée par la Peinture, Mlles Dangeville & Sallé, &c. des premieres épreuves.

27   285. Trois grandes Pieces, d'après Coypel, dont Diane au bain & son Pendant, épreuves avant la lettre, & Bacchus & Ariadne.

10   286. Vingt Pieces, par Surugue pere & fils, d'après Coypel, Paterre, &c. des premieres épreuves.

300. L'Archevêque de Cambray, par Schmidt, & l'Evêque de Metz, par Daullé, premiere épreuve.

SIXIEME VACATION.

Du Samedi 26 Novembre 1769.

301. Les Bas-Reliefs de Rome, gravés par Perrier en cinquante Pieces.

302. Deux grandes Pieces, par Dorigny, d'après Raphaël & Daniel de Voltere.

303. Les Martyrs de S. Laurent & de S. Etienne, d'après P... Cortone, & trois autres Pieces par Bloemaert.

304. La Nativité, du Guide, une sainte Famille, & S. Jean l'Evangéliste, par Poilly, des premieres épreuves.

305. Dix Estampes du Crozat, dont plusieurs sont avant la lettre.

306. Quatre autres *idem*, d'après Raphaël, Paul Veronese & Feti.

307. La Nuit, du Correge, par Surugue fils, premiere épreuve avant la lettre, & l'épreuve d'eau-forte de la même Planche.

308. Le Couronnement d'épines, par Bolsvert, d'après van Dyck, parfaite épreuve.

309. Deux Sujets de Renaud enchanté dans les jardins d'Armide, d'après van

van Dyck, superbes épreuves.

310. L'Adoration des Rois , d'après Rubens, par Lauwers, où on lit au bas , *intrantes domum , &c.* ancienne & belle épreuve. 24 . 2

311. Le Christ mort, par P. Pontius , & la Fuite en Egypte par Marinus , d'après le même , belles épreuves. 13 . 2

312. Quatre , d'après le même , dont la Charité Romaine, par Caukerken , &c. 10 . 6

313. Sept Morceaux détachés de la Galerie du Luxembourg , anciennes épreuv. 15 . 19

314. Huit, par Rembrandt & Lyvins, dont le Docteur Faustus , &c. 7 . 3

315. Sept Pieces par Goltius , Saisons & Déesses , en ovale. 10 . 5

316. Persée armé par Pallas , gravé par Muller , parfaite épreuve. 49

317. Sept Sujets divers , par Saenredam & Gheyn , dont la Tête de mort , &c. 9

318. Le Lyon couché , ovale en travers , par de Gheyn. 13

319. Douze Pieces anciennes , par Lucas, & Al . . . Durer. 10

320. Quatorze Sujets & Portraits divers , en maniere noire , par Smith & autres. 4 . 12

321. Dix-huit autres Pieces , en maniere noire , par Gole , Saisons , &c. 7 . 5

322. Dix-huit autres , *idem* , Modes , &c.

323. Sept Pieces , par Strange & Major , d'après Wouvermans. 15 . 3

324. Quatre , d'après le Bourdon , dont le 19

Chrift mort, par Boulanger, premiere épreuve.

18   325. Trois grandes Pieces, d'après Coypel, Bacchus & Ariadne, Diane au bain & son Pendant, des premieres épreuves.

4 · 18   326. Le Plafond du grand Escalier de Versailles, par Baudet.

15 · 13   327. Neuf Estampes, d'après Coypel & autres, par Surugue, des premieres épreuves.

9   328. Trente autres Pieces, d'après Watteau & autres, par divers Graveurs François.

4 · 19   329. Onze, d'après Coypel, Pierre, &c. dont la Susanne devant les Vieillards, par Poilly, &c.

13   330. La Pierre du Louvre & l'Arc de triomphe, par le Clerc, anciennes épreuves.

13 · 19   331. Huit grandes Fêtes de Versailles & Mausolés, par Cochin fils.

9 · 19   332. Six Vignettes historiques sur la Hollande, par B. Picart, des premieres épreuves.

30   333. Quatre Titres in-folio idem, pour les Religions du Monde, les Métamorphoses d'Ovide, l'Histoire de la Hollande, & l'Atlas historique.

24 · 1   334. Trente-six Sujets, Vignettes & Lettres grises, par le même, pour les Œuvres diverses de Boileau, des premieres épreuves.

[35]

335. Quarante-huit autres Vignettes du
même pour le Boileau, & le Saint-Evre-
mont en *in*-12, &c.

336. Trente-deux autres *idem*, pour les Œuvres d'Homere, &c.

337. L'Hiſtoire des Juifs & des Idolâtres,
par le même, en trente-ſix feuilles,
auſſi des premieres épreuves.

338. Vingt Pieces diverſes, d'après le
Bourdon & autres Maîtres.

339. Vingt autres, par Surugue, pour le
Don Quixotte & le Roman Comique.

340. Les différens Habillemens des Na-
tions du Levant, des premieres épreuves, en cent Planches, avec Diſcours.

341. Les Tombeaux des grands Hommes
d'Angleterre, en dix-huit grands Morceaux, par Dorigny, Beauvais, &c.

342. La petite Galerie du Louvre d'après
le Brun, par Saint-André, en trente-
deux Pieces.

343. Courſes de têtes & bagues données
à la Cour de Louis XIV, en feuilles,
avec Diſcours.

344. Les Eſtampes des cinq premiers volumes des Cérémonies Religieuſes, au
nombre de 179, des premieres épreuv.

345. Le cinquieme Volume deſdites Cérémonies complet, avec les Figures &
le Diſcours.

346. Le Prince Ferdinand à cheval, le
Comte d'Olivarès, d'après Rubens, &

le Prince Frédéric-Henri , d'après van
Dyck , anciennes épreuves.

347. Six beaux Portraits par Hondius &
Muller , belles épreuves.

348. Le Prince Maurice , J. de Wite ,
grand Penſionnaire de la Hollande ,
connu par ſes malheurs , gravé par Viſ-
ſcher , & un Comte de Naſſau par Mi-
revelde , anciennes & belles épreuves.

349. Vingt-quatre Portraits divers , par
Drevet , Maſſon & autres.

350. Six , par Edelinck & Vermeulen ,
dont le Prince de Walles, Léonard, &c.

351. Vingt-ſix autres par Nanteuil , Gri-
gnon & autres.

352. Le Cardinal Dubois & M. de Vintimille , par Drevet, ſuperbes épreuves.

353. M. Dodun , l'Archevêque de Rheims
& quatre autres Portraits, d'après différens Maîtres.

354. Cinq Portraits par Wille , Petit &
autres , dont le Maréchal de Saxe , premiere épreuve, le Duc de Gêvres, Largilliere , &c.

355. Le Comte d'Evreux , Mignard &
Silva , par Schmidt , premieres épreuv.

356. L'Archevêque de Rouen aux pieds de
la Vierge , par Drevet , Monſieur de
Saint-Simon , par Daullé , & l'Archevêque de Cambray , des premieres épreuv.

357. M. Maſſé & Madame Rigaud , par
Wille.

358. Dix-huit Portraits divers, par Daullé, Wille, &c. dont Baron, Comédien célebre, &c.

359. Trente autres Portraits, par différens Maîtres, dont Geoffroy, Médecin, par Surugue, &c.

360. Vingt-cinq autres, par Edelinck, van Schuppen & autres.

SEPTIEME VACATION.

Du Lundi 27 Novembre 1769.

361. Sept Estampes, par différens Maîtres Italiens, dont le Triomphe de Jules Céfar, gravé en bois par Mantegne.

362. La Vierge au linge, d'après Raphaël, par Poilly, premiere épreuve avant la contre-taille.

363. La Transfiguration & son Pendant, par Dorigny.

364. Quatre Pieces du Barroche, dont l'Annonciation, gravé par lui-même, Notre Seigneur porté au tombeau, par Sadeler, &c.

365. Trois par Poilly, la Nativité & la Fuite en Egypte, d'après le Guide, & le Mariage de sainte Gatherine, des premieres épreuves.

366. Les trois Maries au tombeau, & les Anges adorant l'Enfant Jesus qui dort.

fur les genoux de fa Mere, d'après le
Carrache, par Poilly, & une Vierge
en ovale, d'après Stella, par van Schuppen, fuperbes épreuves.

367. Quatre autres Pieces du Crozat, d'a-
près Raphaël & autres, des premieres
épreuves, par Chereau & Larmeffin.

368. Onze autres du même Ouvrage, d'a-
près P. Veronefe.

369. Un grand Sujet de Vierge, d'après
Conca, par Frey, & un pareil Sujet
d'après le Guide, gravé par Surugue
pour le volume de la Galerie de Drefde,
des premieres épreuves.

370. Le grand Crucifix, où fe voient faint
Dominique & fainte Catherine de Sienne
au bas, d'après van Dyck, par Bolsvert, premiere épreuve.

371. La Converfion de S. Paul & le Ser-
pent d'airain d'après Rubens, anciennes
épreuves.

372. La Rencontre de Jacob & le Mariage
de fainte Catherine, d'après le même,
fuperbes épreuves.

373. Diane endormie auprès de fes Nym-
phes, d'après le même, par Soutman,
fi belle épreuve & rare.

374. Les deux Chaffes aux Lions, d'après
le même, par Suyderoef & Soutman,
anciennes épreuves.

375. Deux des grands Payfages de Rubens, fuperbes épreuves.

376. Mars défarmé, d'après van Dyck, par Waumans, & une Débauche d'Offciers, d'après Rubens, du Cabinet de Rheinft.

377. Saint Martin de Tours & le Martyre fainte Apolline, d'après Jordans, fuperbes épreuves.

378. Le Roi boit, d'après le même, parfaite épreuve.

379. Trois Sujets d'après le même, dont la Folie, par Jode, le Satyre, &c.

380. Quatre Pieces, fçavoir, la Difpute au coup de couteau, d'après Terburg, par Suyderoef; les Bourguemeftres du même, & deux Sujets de tabagie d'après Oftade.

381. Le Bal, d'après Berghem, gravé par Vifleher, parfaite épreuve & avant la lettre.

382. Un petit Portrait, par C. Viffcher, parfaite épreuve; le Négre, & un Sujet d'après Oftade, gravés par J. Viffcher.

383. Onze petits Sujets, anciennes épreuves, par Rembrandt, dont le Baptême de l'Eunuque, &c.

384. La Lifeufe au grand Livre, d'après Rembrandt, par V...Uliet, fuperbe épreuve.

385. Quatre Sujets très-agréables, par Bloteling & autres, dont Alphée & Aréthufe, &c. parfaites épreuves.

386. Dix-huit Pieces en clair-obscur &
autres, par C..... Visscher, &c.

387. Vingt-une par Goltius & Gheyn,
dont les Muses, &c.

388. La Fortune distribuant ses dons, par
Muller, & l'Enfant Prodigue, par de
Gheyn, anciennes épreuves.

389. Le Liévre pendu & les grands Man-
chons, par Hollar, parfaites épreuves.

390. Trois Sujets en maniere noire, superbes épreuves, par Verkolje, dont
Vénus & l'Amour, Vénus & Adonis, &c.

391. Quatorze autres Sujets en maniere
noire, d'après Teniers, J. Stein, Dus-
sart, &c. anciennes épreuves.

392. Sept Pieces d'après Wouvermans,
par Major & Moyreau.

393. Trois grands Calvaires, par Mignard,
le Brun & Poilly, des premieres épreuv.

394. La Présentation au Temple, par
Drevet, d'après Boulogne, premiere
épreuve.

395. Les quatre premiers Ports de France,
d'après Vernet, par Cochin & le Bas.

396. Cinq grandes Thèses d'après le Brun
& Mignard, par Edelinck & Poilly, anciennes épreuves.

397. Sept Pieces d'après le Brun, Mignard
& Coypel, par G... Audran, &c.

398. Le Silence, d'après Greuze, premiere
épreuve avec la faute, au nom de Greuze.

399. Neuf Pieces d'après Pierre & autres,

dont Ganimede, par Preiſſer, deux Sujets Italiens, par Ouvrier, &c.

400. Onze par Surugue, des premieres
épreuves, d'après le Brun, Coypel, &c.   8·19

401. Onze autres d'après Coypel, par Simoneau, Lepicié, &c.   13·5

402. Huit autres *idem*, par Drevet, Desplaces, &c.   7·4

403. Treize d'après Teniers, Wouvermans & autres, par Surugue, Major &
Moyreau.   10·4

404. Cinq d'après Coypel, par Surugue,
dont Thalie chaſſée & ſon Pendant, &c.
des premieres épreuves.   8·3

405. Les quatre Sujets d'après le Brun,
par le Clerc, nommés les Conquêtes,
ſuperbes épreuves.   26·13

406. Sept grandes Fêtes & Mauſolés, par
Cochin fils.   13·4

407. Trente-trois Vignettes diverſes, par
le même, pour les Œuvres de Rouſſeau
& autres.   23·19

408. Vingt Pieces diverſes, par le Clerc,
Cochin & autres.   4·2

409. Dix-ſept Vignettes hiſtoriques, par
B. Picart, premieres épreuves.   14·4

410. Les Sujets & Vignettes pour les Œuvres de Fontenelle *in-folio*, par le même.   16·6

411. Dix-huit grands & petits Sujets divers, par le même.   6

412. Douze Vignettes & Portraits par Pi-   15

cart & Houbraken, des premieres épreuves.

9   413. Vingt-deux Sujets divers d'après Picart pour la Bible, & les Cérémonies
Religieuses.

11 . 2 414. Cinquante-six Vignettes, Animaux &
Ornemens, par le Bas, Eisen, &c.

60   415. M. Bossuet en pied, par Drevet, parfaite épreuve.

12 . 10 416. Messieurs de Vintimille & de Sinzendorf, par Drevet, avec le Cardinal
de Polignac, par Chereau, premieres
épreuves.

16 . 4 417. L'Archevêque de Cambray & l'E-
vêque de Metz, premieres épreuves.

11 . 2 418. Trois beaux Portraits, Madame de
Nemours, le Cardinal Dubois, &c.

9 . 10 419. Huit Portraits divers, par Drevet, Wille & Balechou.

8 . 12 420. Six autres par Daullé & Wille, dont
le Maréchal de Saxe, Madame de Cay-
lus, &c. anciennes épreuves.

HUITIEME VACATION.

Du Mardi 28 Novembre 1769.

20   421. Vingt-quatre Pieces de différens anciens Maîtres Italiens, Lucas, Penni,
Suavius, &c.

422. Les Angles de la Chapelle Sixte, d'après Michel Ange, par G. Mantuan, des premieres épreuves. 15. 19

423. Sept Pieces d'après le Correge, Raphaël, &c. par Moitte & autres. 8

424. Le Silence, d'après le Carrache, par Henzeilman, parfaite épreuve. 58

425. Sainte Agnès, d'après le Dominiquin ; Belizaire, d'après S. Rose, & une autre Piece par Strange. 13

426. L'Adoration des Rois, en deux feuilles, d'après Rubens, par Luc... Worsterman, premiere épreuve. 50

427. La Magdeleine aux pieds de Notre Seigneur chez le Pharisien, d'après le même, par Natalis. 21

428. Les trois Grâces du même, par P. de Jode, superbe épreuve. 9 15. 19

429. La Chasse au Crocodille par Soutman, & celle au Sanglier par Leuw, d'après le même, belles épreuves. 38. 19

430. Deux Portraits d'après Rubens Spinola, &c. & deux Soldats, par Goltius. 5. 19

431. Joseph récitant ses songes, de deux épreuves différentes, avant & avec les têtes ombrées, très-belles épreuves, par Rembrandt. 12. 4

432. Six Sujets divers, par Rembrandt & van Vliet. 4. 2

433. La Mort aux Rats & la Bohémienne, composés & gravés par C. Visscher, 28. 5

très-belles épreuves , quoiqu'avec l'a-
dreſſe de Clément de Jonghe.

5. 8 434. Cinq Sujets divers , par Goltius ,
Bloemaert , &c.

7. 12 435. Huit par Saenredam , Goltius , &c.
dont S. Paul & S. Barnabé.

8 436. Andromede attachée au rocher , gravé par Matham , & les trois Déeſſes en
ovale , par Goltius.

21 437. La ſainte Famille , d'après C. Maratte , par Smith , très-belle épreuve.

4 438. Douze Portraits en maniere noire ,
par le même.

10. 10 439. Sept Sujets divers d'après Teniers ,
par le Bas , Surugue , &c. dont l'Enfant
Prodigue , &c. anciennes épreuves.

15 440. Le grand Calvaire , & le frappement
du Rocher , par Stella , d'après le Pouſ-
ſin.

9. 6 441. Neuf ſujets divers , d'après Jouve-
net , Bertin , &c. par Loir & autres.

9 442. Le Plafond des petits Appartemens
de Verſailles , & celui du Palais Royal.

17 443. La Peſte , d'après Mignard , par G...
Audran ; le Maſſacre des Innocens , d'a-
près le Brun , en deux feuilles , par Loir ,
& deux autres Eſtampes , des premieres
épreuves.

17 444. Quatre grandes piéces , d'après Jouvenet , Mignard & Coypel , dont Su-
ſanne , & Jephté , premieres épreuves.

17 445. La Conquête de la Franche-Comté ,

par Simoneau, d'après le Brun, très-belle épreuve.

446. Six sujets divers, d'après Detroy, Largilliere, & autres. 4 7

447. Vingt-quatre piéces, d'après le Brun, de la Galerie du Préfident Lambert, & des Pavillons de Marly. 4

448. Six d'après Berghem & Wouvermans, par Aliamet & autres. 9

449. Huit d'après Wouvermans & V... Falens, par Moireau, &c. 8

450. Cinq d'après Boucher & Coypel, dont deux avant la lettre, par Aveline, & Surugue. 8 4

451. Quinze sujets divers, par Cars & Surugue, des premieres épreuves. 6

452. Six *idem*, premieres épreuves, par Surugue pere. 8 19

453. Dix-huit *idem*, d'après différens Maîtres, par Surugue pere & fils. 9 13

454. Quatre piéces par Surugue fils, avant la lettre, d'après le Correge & le Guide. 13 16

455. Deux grandes Batailles, par Vandermeulen, & les quatre grandes du Czar, par Larmessin. 23 19

456. Vingt-six piéces par Surugue, des premieres épreuves, d'après Rembrandt, &c. 7 6

457. Dix-huit autres, d'après Detroy, Watteau &c., par Cars, Surugue, & autres. 8 19

5. 12   458. Douze *idem*, par Beauvais, Chauveau, &c.

10. 17   459. La Grotte de Versailles en vingt piéces, gravées par Edelinck & autres, avec l'explication.

24. 2   460. La suite des Gravures à l'Eau-forte, par le C... de Caylus, d'après les desseins du Cabinet du Roi.

15   461. L'apothéose d'Isis, par le Clerc, premiere épreuve, avec les Danseurs.

11. 10   462. Quatre-vingt-cinq Vignettes par le même.

12   463. Trente-cinq *idem*, dont plusieurs sont rares.

11. 5   464. Cent trente piéces *idem*.

4. 10   465. Quatre-vingt-quatorze piéces, Portraits, Médailles, Masques & Comédies, de Terence.

15   466. Onze grandes Fêtes & Mausolées, par Cochin fils.

38   467. Le Massacre des Innocens, par Picart, premiere & superbe épreuve, avant la Couronne.

23. 19   468. Trente-trois jolies Vignettes du même, pour l'Histoire de la Hollande & de l'Alcoran....

7. 12   469. Quatre Titres, par Picart & Schley, très-intéressans.

16. 4   470. Trente-six Vignettes diverses, par B.... Picart, des premieres épreuves.

18   471. Treize morceaux pour les Mariages, &c.

472. Trente autres sujets divers, par le même.

473. Cinquante-six *idem*.

474. Soixante-onze *idem*.

475. Douze Portraits divers, par Masson, dont la Tour d'Auvergne, Dupuis, Marin, &c.

476. Six beaux Portraits, par Drevet & Edelinck, dont Madame de Nemours, la Reine de Suede, &c.

477. Le Cardinal du Bois, & M. de Beauveau, par Drevet.

478. Vingt-un Portraits divers, par Edelinck, Nanteuil & autres, des premieres épreuves.

479. L'Archevêque de Cambray, par Schmidt, & l'Evêque de Metz, par Daullé, premieres épreuves.

480. Vingt-trois portraits divers, par Daullé & autres.

NEUVIÈME VACATION.

Du Mercredi 29 Novembre 1769.

481. Trente-six Estampes de différentes Graveurs anciens, dont plusieurs d'après M. Ange, par Chér... Albert, &c.

482. Le Platfond de la Coupole de Parme, en seize morceaux, gravés à l'Eau-

forte par Vanni, d'après le Correge, & quatre autres, gravés par Lenfranc, &c.

12 · 19 483. La Transfiguration, par Dorigny & Moyfe dans le buiſſon ardent, par G... Audran.

73 484. La Nativité, du Guide, de forme octogone, par Poilly, premiere & fuperbe épreuve, avant les Anges.

13 · 19 485. La Deſcente de Croix, d'après le Barroche, par Villamene, & Jeſus dormant, d'après le Guide, piéce de forme ronde, gravée par Bloemaert, toutes deux très-belles épreuves.

11 486. Douze piéces du Crozat, des premieres épreuves, la plùspart avant la lettre, d'après P. . . . . Veroneſe - Féti, &c.

8 487. Onze autres piéces, *idem*, d'après différens Maîtres Italiens.

19 · 24 488. La Nativité, en travers, d'après Rubens, par Vorſterman, & le Martyre de ſainte Apolline, d'après Jordans.

36 489. Erichtonius découvert dans la corbeille, que vient d'ouvrir Aglaure, malgré la défenſe que Minerve lui en avoit faite, d'après Rubens, par Sompel, ſuperbe épreuve.

47 · 19 490. Deux Chaſſes aux Lyons, & aux Crocodilles, d'après le même, par V... Leuw.

18 491. Silène, ivre, d'après Rubens, par

van

van Orley, Baucis & Philemon, par C... Galle, & le petit reniement de saint Pierre, d'après Seghers, très-anciennes épreuves.

492. Vingt piéces d'après Rubens & autres, de la Galerie de Dresde, par Daullé, Boëce, Aliamet, Preisler, Camerata, &c. 185 . 16

492. *Bis*. Les deux sujets représentant la Folie, d'après Jordans, gravés par P. de Jode, & Voet, superbes épreuves. 33

493. Charles II, & la Reine Catherine d'Angleterre, gravés ensemble sur la même planche, par van Hoven, & une Vieille à sa toilette, du Cabinet de Rheinst, superbes épreuves. 12 . 12

494. Les douze premieres Estampes du platfond de l'Eglise de saint Ignace à Anvers, gravées par Punt, & deux livres de Desseins & de proportions, par Dewit, & Parizet. 10

495. Les mêmes suites répétées, anciennes épreuves. 9 . 10

496. Vingt-huit piéces par van Vliet, des Arts & Métiers, &c. 7

497. Les deux Barbes quarrées, gravées par C... Visscher, superbes & parfaites épreuves. 96

498. Le Maître de Musique, d'après Rombouts, & les Joueurs de cartes, d'après C... Devos, par Al... Voet, superbes épreuves. 37 . 6

499. Vingt-sept sujets divers, gravés en

cuivre & en bois, par Lucas & Al. Durer.

30 . 6   500. L'Enfant tenant un oiseau, & montant sur un gros chien, par Goltius, ancienne & belle épreuve.

23 . 19   501. Le grand Couronnement de la Reine de Suede, par C. . . Visscher.

49 . 19   502. La Prédication de saint Jean au Désert, d'après Bloemaert, par Falck, ancienne épreuve.

13   503. Sept portraits de Femmes, par Smith, en maniere noire.

10   504. Vingt-un sujets divers en maniere noire, par Verkolje, Bloteling, &c.

11   505. Quatre sujets de Vierges, par Poilly & Boulanger, d'après Raphaël, Poussin & autres.

23 . 19   506. Les huit grands Paysages de Poussin, par Baudet, anciennes épreuves.

24   507. Les Martyres de saint Laurent & sainte Agnès, par Gerard Audran, & deux autres piéces du Poussin, anciennes épreuves.

24   508. Sept autres piéces du Poussin, Mignard, &c. dont la Circoncision.

30   509. Quatre sujets par Lépicié, Balechou, &c. dont le Bacha, d'après Vanloo, la Force, d'après Nattier, premieres épreuves.

24   510. Six piéces, dont Alexandre malade, d'après le Sueur, plusieurs par Cars, d'après le Moine, &c. anciennes épreuves.

511. Seize par Surugue & Ravenet, d'a-
près Paterre, Vleughels & autres, des
premieres épreuves.   8 · 19

512. Vingt-cinq d'après Watteau & Lancret, par différens Graveurs.   10

513. Quatorze sujets du Don Quixotte,
&c. des premieres épreuves, par Surugue.   3 · 18

514. Huit piéces, dont les Batailles du
Czar, &c.   4 · 19

515. Les quatre Saisons, & les quatre Elémens, d'après Lancret; & Vénus sur
les eaux, par Desplaces, des premieres
épreuves.   9 · 10

516. Huit piéces par Major, d'après Teniers, anciennes épreuves.   12 · 18

517. Le Siége de Dunkerque, par R...
de Hooge, premiere épreuve avant la
lettre, & deux autres piéces par N....
de Bruyn.   18

518. Seize petits Portraits, par Sadeler &
autres, anciennes épreuves.   3 · 10

519. Trente-trois Modes Allemandes,
par Hollar, & vingt-quatre autres sujets par différens Maîtres.   4 · 11

520. Soixante-treize autres piéces, par
Hollar, Paysages, Papillons, &c.   5 · 4

521. Six grands Titres *in-fol.* par B...
Picart, des premieres épreuves pour la
Bible, &c.   8

522. Quarante sujets & portraits, par le
même.   6 · 18

9 2 523. Quatre-vingt autres, *idem*.

6 524. Cent vingt-deux morceaux, pierres gravées & autres sujets.

7 19 525. Trente jolies Vignettes de Cochin, pour le Virgile de l'Abbé des Fontaines, &c.

40 526. Le Portrait de Dilgerus, chef-d'œuvre d'Edelinck, superbe épreuve.

24 527. Deux beaux Portraits, par Suydéroef, d'après F.... Hals, très-belles épreuves.

52 528. M. Bossuet, Evêque de Meaux, par Drevet, superbe épreuve.

15 529. L'Archevêque de Rouen à genoux devant la Vierge, par Drevet; & l'Evêque de Metz, par Daullé.

46 530. Cadet à la Perle, & Marin, par Masson, superbes épreuves.

9 5 531. Madame la Duchesse d'Orléans, en petit, par Drevet, & la même, par Simoneau; plus, M. le Cardinal de Mahy, toutes trois, premieres épreuves.

18 13 532. Samuel Bernard, par Drevet, premiere épreuve.

48 6 533. M. le C.... de Saint-Florentin, par Wille, premiere épreuve.

8 534. Huit Portraits, par Wille, & Daullé.

10 19 535. Trois beaux Portraits, par Drevet; le C... de Toulouse, MM. de Sinzendorf & Dodun.

10 19 536. Quatre *idem*, par Schmidt & Daullé.

dont Gendron, Rigaud, &c.

537. M. le Régent à cheval ; le Prince de Conti en pied, Louis XV, par Wille, & M. de Tournehem, par Dupuis, tous les quatre anciennes épreuves.   16 . 11

538. Mignard, la Tour & Silva, par Schmidt.   19

539. M. Rigaud & de Cottes, par Drevet, & deux autres Portraits.   4 . 12

540. Le Cardinal Dubois, & l'Evêque de Metz, d'après Rigaud.   21

541. Le Cardinal de Polignac, M. de Sinzendorf, & Boileau.   11 . 19

542. MM. de Sinzendorf, de Polignac & Rigaud.   15

543. Six Portraits divers, faits à Berlin, par Schmidt ; & M. de Largilliere.   6 . 15

544. Six autres beaux Portraits, par le même.   9

545. Sept Portraits d'Artistes & autres ; dont Mlle le Couvreur & Silva.   9

546. Le Roi de Pologne, d'après Rigaud, par Balechou, très-belle épreuve.   50

547. Les desseins du Cabinet du Roi, gravés à l'Eau-forte, par M. le Comte de Caylus.   20 . 2

548. La Pompe funébre de l'Archiduc Albert avec le discours.   5

549. Les Mariages du Dauphin dernier mort, en deux volumes *in-fol.* brochés.   18

550. Les Fêtes de Madame Première Infante d'Espagne, relié en veau.

551. Recueil de Sculptures antiques, Grecques & Romaines, du Cabinet de feu M. Adam, grand *in-4°* broché.

552. Un autre exemplaire du même ouvrage.

553. Trois piéces du Poussin; sçavoir, Tancrede & Herminie, par Vandergust; le Testament d'Eudamidas, & Moyse sauvé des eaux.

553. *Bis.* Un grand volume dans lequel se trouve cent dix piéces, d'après M. … Ange & autres anciens Maîtres.

554. Les deux volumes d'Estampes qu'a fait graver M. Crozat, d'après les plus grands Peintres Italiens, en cent quatre-vingt-deux piéces, avec discours, grand papier, relié en veau, ancienne édition.

555. Le Cabinet de M. Boyer d'Aguilles, en cent dix-huit Estampes, gravées par Coelmans, d'après différens Peintres célébres, *in-fol.* relié en veau.

556. Un volume relié en carton ; contenant les trente-cinq grandes piéces de Vandermeulen, avec son Portrait à la tête des premieres épreuves.

557. La Galerie de Versailles, d'après le Brun, exécutée par les soins de M. Massé, par les plus célébres Graveurs de

ce siécle, en cinquante-deux morceaux dans un grand porte-feuille fait exprès, épreuves des mieux choisies.

558. Deux gros Porte-feuilles remplis de divers Desseins & Estampes, qui seront vendus, par Lots, dans chaque vaca-tion,

Fin du Catalogue.

APPROBATION.

Lû & approuvé, ce 4 Novembre 1769.

Signé COCHIN.

Fin du Cantique.

tion.
[texte en grande partie illisible]
203. [illisible]

www.ingramcontent.com/pod-product-compliance
Ingram Content Group UK Ltd.
Pitfield, Milton Keynes, MK11 3LW, UK
UKHW020949120726
13693UKWH00004B/1640